AF254082

DE L'HISTOIRE DE DIX ANS.

IMPRIMERIE DE A. GUYOT,
35, rue Neuve-des-Petits-Champs.

DE

L'HISTOIRE DE DIX ANS,

PAR M. LOUIS BLANC,

EXAMEN CRITIQUE.

Extrait du GLOBE. — Avril et Mai 1845.

PARIS,

LIBRAIRIE D'AMYOT, ÉDITEUR,

6, RUE DE LA PAIX.

—

1845.

DE

L'HISTOIRE DE DIX ANS

PAR M. LOUIS BLANC.

M. Louis Blanc n'a pas reculé devant la tâche d'écrire l'histoire de son époque; mais avant de prendre la plume, il nous le dit lui-même, il s'est interrogé sévèrement. A la suite de cet examen, comme il n'a trouvé en lui ni affections intéressées, ni haines implacables, il a pensé qu'il pourrait juger les hommes et les choses sans manquer à la justice et sans trahir la vérité. Cependant la cause des nobles, des riches et des heureux n'est pas la cause qu'il sert; il appartient, par ses convictions, à un parti qui a commis de grandes fautes, mais il n'est entré dans ce parti que le lendemain de sa dernière défaite. Il n'a donc eu ni à partager toutes ses espérances, ni à souffrir personnellement de ses revers. Dès lors, M. Louis Blanc se montre convaincu qu'il a pu préserver également son cœur du dépit de l'orgueil trompé, et du venin qui se cache jusque dans les ressentimens légitimes.

Cette préparation, à laquelle M. Louis Blanc affirme s'être soumis, a été, selon nous, insuffisante. Elle a pu être, aux yeux de l'écrivain, une garantie de sa sincérité, mais, seule, elle était impuissante pour le mettre en garde contre les entraînemens de l'erreur. L'examen de conscience auquel M. Louis Blanc déclare s'être livré a été purement sentimental, tandis qu'il devait être avant tout philosophique. Quoi! vous vous imposez la tâche périlleuse de juger vos contemporains, et vous, homme de parti, vous n'apercevez pas tout d'abord la nécessité de soumettre ce que vous appelez vos convictions au contrôle sévère de la raison et de la science! Dans ce formidable récit des dix années qui suivirent la révolution de 1830, vous aurez à nous représenter l'antique monarchie disparaissant au milieu de la tempête, le peuple sous les armes, la bourgeoisie s'efforçant de faire surgir l'ordre du chaos, et vous ne vous inquiétez pas de savoir si ce sera le langage calme, viril et impartial de l'histoire que vous allez faire entendre, ou bien le réquisitoire d'un sectaire passionné; vous ferez comparaître à votre tribunal la défaite des uns, le triomphe des autres, les fatigues, les efforts et les fautes de tous, et je ne vois assis au prétoire qu'un juge qui se dit lui-même attaché à une cause et qui ne promet que d'être sincère! En déroulant ces redoutables annales, il vous faudra peser l'opulence du riche, la misère du pauvre, tous ces mystérieux problêmes de la destinée humaine, et avant de prononcer vos audacieux arrêts, vous ne daignez seulement pas nous dire si vous vous êtes jamais demandé pourquoi l'homme a été placé sur cette terre. Enfin, vous êtes jeune, votre vie n'a pas encore été mêlée à l'austère pratique des affaires; l'expérience ne vous a jamais appris la force des événemens, la nécessité des choses, la source de l'énergie ou de la défaillance des hommes, et cependant vous allez nous faire assister aux scènes immortelles d'une révolution de trois jours, à la naissance et aux labeurs d'une royauté nouvelle, aux commotions de l'Europe entière ébranlée, aux déchaînemens de l'émeute, à l'apaisement de celle-là, à l'énergique répression de celle-ci, au remaniement de nos lois politiques et administratives, et vous ne montrez d'autre souci que celui de nous affirmer que vous n'avez trouvé en vous ni affections intéressées, ni haines implacables. Ah! que nous importe d'apprendre de vous que vous avez voulu être sincère, si rien dans vos promesses ne nous indique ce que vous avez fait pour mettre votre sincérité en garde contre le mensonge et l'erreur !

Mais ce seul et solennel engagement pris par M. Louis Blanc d'être sincère, de n'écouter ni affections intéressées, ni haines implacables, M. Louis Blanc lui est-il resté fidèle? Nous voulons le croire, car nous ne prétendons pas lire au fond des cœurs. Aussi nous ne demanderons pas à l'historien des dix années pourquoi il a prononcé une impitoyable condamnation contre tous les actes du règne dont il a écrit l'histoire. Cette impitoyable condamnation a pu lui être inspirée par sa conscience, à défaut de lumières. Et M. Louis Blanc, après tout, ne nous a promis que de la sincérité. Nous le verrons sans étonnement distiller le fiel sur les œuvres comme sur les intentions des hommes qui ont pris part, depuis 1830, aux affaires publiques, pénétrer dans la profondeur de leurs consciences, interroger leurs visages, surprendre jusqu'à la contraction de leurs lèvres, jusqu'à la pâleur de leurs joues, pour être en droit de les accuser de passions lâches et sordides; n'étayer ses suprêmes arrêts que sur les formules d'un dogmatisme absolu.

M. Louis Blanc ne nous l'a-t-il pas dit lui-même, il appartient à une cause qui compte tous ces hommes parmi ses ennemis. Le fiel qu'il a versé sur eux, il a pu l'avoir dans son ame. Il a pu croire qu'il ne cesserait pas d'être juste en devenant inexorable. Qui ignore, d'ailleurs, qu'une vertu non éprouvée est une vertu sans pitié? Ne saurait-on pas invoquer en faveur de M. Louis Blanc sa jeunesse, son inexpérience, l'attachement à ses principes qui n'admettent pas de pusillanimes transactions, pour prouver que, dans sa conscience, il a pu, son œuvre achevée, se rendre à lui-même le témoignage de n'avoir ni manqué à la justice, ni trahi la vérité? Nous ne nous armerons donc pas de l'implacable rigueur de ses sentences, nous irons même jusqu'à découvrir un indice de franchise dans l'emportement de ses condamnations. Mais, d'où vient que le jeune historien a su être violent et cauteleux à la fois? Où a-t-il puisé l'art d'unir à la fougue de ses déclamations toute la perfidie des insinuations? Qui lui a appris, lorsqu'il faut lancer un trait empoisonné dans le cœur d'un ennemi, ici toute l'habileté de la mise en scène, là toute la science profonde des réticences, ailleurs tous les détours d'une feinte impartialité plus meurtrière que la passion; ailleurs encore tout l'artifice d'injurieux éloges, plus sanglans que de franches insultes.

Ces questions, ce n'est pas à nous de les résoudre. M. Louis Blanc aurait le droit de ne pas reconnaître la compétence de notre juridiction : elles relèvent de sa conscience. Qu'il l'interroge donc une seconde fois, et si le fanatisme des théories absolues, la haine qu'inspire l'esprit de parti, et dont il a cru avec tant de complaisance avoir su préserver son cœur, n'ont pas éteint chez lui tout sentiment de justice, tout respect pour la vérité ; ici même, sans craindre de nous égarer, nous pourrions formuler la réponse. Mais, encore un coup, nous ne le ferons pas. L'homme et le mystère de ses intentions nous échappent. Cependant l'œuvre subsiste et appelle un calme, loyal et sévère examen. Telle est la tâche que nous nous sommes imposée, en invoquant les droits et en nous efforçant de ne jamais oublier la dignité de la critique.

I.

La doctrine au nom de laquelle M. Louis Blanc condamne la révolution de juillet dans ses conséquences, flétrit tout, les hommes qu'elle a mis en lumière, les choses qu'elle a fait naître, n'est pas seulement une doctrine républicaine et démocratique, elle est surtout une doctrine socialiste, pour nous servir d'une expression consacrée. C'est le peuple qui a remporté la victoire, et le peuple a été oublié. Après le triomphe, il a été renvoyé à sa misère. Alléger le joug sous lequel il vit asservi, aviser aux moyens de remplacer la concurrence, de porter remède à la mobilité homicide des salaires, rien de tout cela ne fut mis en discussion, rien de tout cela n'exista même sous la forme de promesse. Etrange accusation que nous devons sérieusement examiner, et parce qu'elle contient en germe tous les principes politiques de l'historien, et parce qu'elle révèle la source de toutes les erreurs qui l'ont égaré.

M. Louis Blanc, avant d'écrire l'*Histoire de dix ans,* avait déjà augmenté la foule des écrivains qui ont prononcé un anathème contre notre société. Que, dans son *Traité sur l'organisation du travail,* le jeune utopiste ait cru avoir trouvé une formule souveraine pour satisfaire à toutes les prétentions et prévenir toutes les misères, nous ne blâmerons pas ce naïf orgueil. M. Louis Blanc était alors sur le terrain des théories, et il a pu donner libre carrière à son imagination. Mais la mission de l'historien impose des devoirs plus sévères. Lorsque l'on se fait le juge d'une époque, on ne doit pas la condamner parce qu'elle ne s'est pas laissé guider par des idées qui n'étaient pas nées alors, et dont aujourd'hui encore la valeur est loin d'avoir été reconnue par la morale, la raison et la science. A chaque jour son labeur. Il n'est pas vrai de dire que l'amélioration de la classe la plus nombreuse ait été une cause dédaignée aussitôt que le peuple eut quitté les armes, seulement elle a été comprise comme on pouvait la comprendre en 1830, et elle a été servie comme la grandeur des événemens exigeait qu'elle fût servie à cette époque.

La société était ébranlée jusque dans ses fondemens ; il n'y avait plus de pouvoir qui pût donner force, énergie et impulsion à la loi, et vous eussiez voulu que la Chambre des députés, avant de constituer un gouvernement, eût perdu des heures si rapides et si précieuses à discuter une question économique, dont les rêveurs d'aujourd'hui n'ont pas encore trouvé la solution ! Le peuple a été oublié, dites-vous, parce qu'on n'a pas remplacé la concurrence par une autre force sociale dont vous avez sans doute le secret, parce que l'on n'a pas porté remède à la mobilité homicide des salaires. Toutes ces formules, eussent-elles été aussi aperçues qu'elles étaient ignorées alors, seraient-elles aussi efficaces qu'elles sont chimériques en réalité, avant de les résoudre, la Chambre avait une autre mission à remplir. Il n'est pas permis à un historien de méconnaître que le premier besoin d'une nation, dans l'intérêt du riche, comme dans celui du pauvre, est d'être gouvernée. Il serait puéril de chercher à prouver que les députés de la France, en faisant surgir, miraculeusement en quelque sorte, un gouvernement de la tempête des trois journées, ont rendu un immortel service à la nation tout entière, et que le peuple a été confondu dans le même bienfait.

Que M. Louis Blanc ensuite s'introduise audacieusement dans la conscience de tous les hommes qui ont participé à cette œuvre mémorable ; qu'il étale comme à plaisir les mobiles lâches ou intéressés qui ont pu diriger leur conduite ; que par une triste habileté, il sache toujours trouver une explication dégradante pour l'opposer à une action honorable, quelle réponse faire à un écrivain qui ne descend dans le cœur de ses semblables que pour y rencontrer les instincts les plus cupides, les passions les plus égoïstes ? Quelques-unes des téméraires affirmations de M. Louis Blanc seraient-elles vraies d'ailleurs, c'est nous apprendre une chose bien nouvelle, en effet, que l'homme ne se laisse pas toujours guider par les inspirations du dévouement le plus pur, et qu'il est souvent dominé par la peur, la vanité, l'amour de l'or et du pouvoir.

Mais c'est peu que M. Louis Blanc, prenant un à un les hommes à qui les événemens ont assigné un rôle pendant et après la révolution de juillet, nous les montre tous, ceux-ci, abjurant

leurs anciennes convictions, pour devenir les courtisans improvisés dela puissance nouvelle qui s'élève ; ceux-là, esclaves superbes de leur propre ambition, faisant avec arrogance acte de servilité ; d'autres n'écoutant que les conseils de la peur, les plus honnêtes ñe sachant être que les dupes des plus habiles, le tableau de ces misères individuelles ne satisfait pas l'impitoyable écrivain. Il s'agit d'envelopper tous les noms qu'il flétrit dans une accusation commune. « Le maintien de l'ordre social fondé sur
« la concurrence, la liberté de l'industrie, celle du commerce,
« et dans de certaines limites celle de la presse, l'empire de la
« banque, la consécration des inégalités de fortune, la concen-
« tration de la puissance politique dans la classe moyenne, plus
« ou moins sévèrement circonscrite, voilà ce qu'ils voulaient
« tous d'une commune ardeur, MM. Dupont (de l'Eure) et Laf-
« fitte, aussi bien que MM. Guizot et de Broglie, » s'écrie l'historien des dix années ; c'est-à-dire, pour reproduire ici toute la pensée de M. Louis Blanc, que ces hommes qui venaient de renverser la monarchie féodale voulaient tous remplacer la tyrannie abattue par une tyrannie nouvelle, substituer à la domination des nobles et des prêtres celle des bourgeois ; en un mot, constituer le règne de la bourgeoisie.

Serait-il vrai, comme l'affirme M. Louis Blanc, que le règne de la bourgeoisie est une tyrannie, qu'il prépare au peuple une destinée plus misérable encore que les tyrannies qui l'ont précédé, un écrivain judicieux aurait cherché à savoir, avant de l'imputer à crime à ceux qui l'ont servi, si ce règne odieux n'était pas une nécessité, s'il était possible que la révolution de juillet pût recevoir une autre solution.

Nous sommes moins portés que M. Louis Blanc à voir partout des tyrannies. Tout est mêlé dans la destinée humaine ; si l'idée pure de la justice n'a jamais régné sans mélange sur les changeantes sociétés que l'homme a formées, et auxquelles il s'est soumis, aucune, quelque grossière qu'elle ait été, n'a professé pour le droit un sauvage et systématique mépris. Elles se sont toutes proposé un idéal de justice plus ou moins élevé, selon les époques, et si cet idéal n'a jamais été complètement réalisé, il faut en accuser la faiblesse et les éternelles passions du cœur humain. La prédominance des prêtres, des nobles et des rois, a eu tour à tour sa raison d'être, sa légitimité. Le règne de la bourgeoisie a aujourd'hui la sienne, et il faut être aveugle pour ne pas l'apercevoir.

M. Louis Blanc nous a représenté lui-même la bourgeoisie arrivant lentement à la jouissance de la liberté civile par les communes, à l'indépendance religieuse par le parlement, à la richesse par les jurandes et les maîtrises, à la puissance politique par les états-généraux; et, lorsqu'en 1830 rien ne venait plus entraver sa marche, ni le génie de la guerre et des conquêtes, vaincu dans Napoléon, ni les stupides tentatives pour refaire le passé, vaincues dans Charles X, par quelle aberration l'historien des dix années refuse-t-il de reconnaître qu'à cette heure l'empire venait au devant de la bourgeoisie, et que son droit et son devoir étaient de s'en emparer! Mais c'était une tyrannie nouvelle érigée sur les ruines de celle qui venait de succomber, dites-vous? Qu'importe, si cette tyrannie était nécessaire, si elle était une des phases par lesquelles l'humanité doit passer, une de ces chances mauvaises, pour parler votre langage, qu'il faut épuiser avant que le progrès se réalise.

Le règne de la bourgeoisie a donc eu sa légitimité comme les règnes qui l'ont précédé; comme eux aussi, il a son idéal, la tutelle des classes laborieuses, voilà la mission offerte à l'intelligence et au dévouement des classes moyennes parvenues aujourd'hui à la direction des affaires. En présence de la loi sur l'instruction primaire, en présence de la fondation des caisses d'épargnes, qui oserait nier qu'elles ont au moins le sentiment de cette sainte mission?

Toutefois, la bourgeoisie est incapable d'aucune pensée grande et généreuse, selon M. Louis Blanc; elle hait le peuple, qu'elle redoute. Elle mesure avec avarice la part qui est due au pauvre dans la nourriture de l'ame et du corps.

Cela veut-il dire que la bourgeoisie est coupable de n'avoir pas érigé en loi de l'État les rêveries de M. Louis Blanc, qui voudrait soumettre au même salaire l'artiste dont nous admirons les œuvres, et le terrassier qui travaille à nos routes? Un semblable grief serait trop puéril pour qu'on pût le réfuter sérieusement. Ou bien faut-il croire que la bourgeoisie s'est montrée incapable d'aucune pensée grande et généreuse, parce qu'elle ne s'est pas hâtée de proclamer le suffrage universel et d'introniser la démocratie? Où donc M. Louis Blanc a-t-il vu qu'une classe d'une nation, arrivant légitimement au pouvoir, ne s'en soit emparée que pour s'en dépouiller aussitôt? La bourgeoisie, en France, a fait lentement son chemin. A travers les siècles, elle a créé sa position, elle seule, à force de patience, de vertu, de talens, de lumières. Avant de paraître sur la scène du monde, pour gouverner, elle l'avait éclairé par des œuvres impérissables. Voilà ses titres à la direction de la société française. Tout s'achète et se gagne laborieusement sur cette terre. Pourquoi donc voudriez-vous que le peuple seul fût exempt de cette dure condition attachée à notre nature? Pourquoi, lui aussi, n'aurait-il pas à faire son chemin tout seul? Que serait cette démocratie artificielle qui ne serait pas l'œuvre d'elle-même? Quelle belle attitude aurait le peuple élevé sur le pavois gouvernemental par d'autres mains que par les siennes! Serait-ce par hasard l'ancienne noblesse française qui serait venue en aide à la bourgeoisie dans ses efforts séculaires? Mais, il y a plus, ce que la noblesse n'a pas fait pour la bourgeoisie, nous voyons en plein soleil la bourgeoisie le faire pour le peuple. Oh! sans doute, pour le repos du monde, comme pour le bonheur du peuple lui-même, elle ne s'est pas hâtée de lui aban-

donner le pouvoir. Non! elle n'a pas eu cette lâcheté! Mais si
le gouvernement doit jamais échoir au peuple, elle ne craint
pas de lui en préparer l'apprentissage, en cherchant à le mora-
liser, à l'éclairer. Qui donc, si ce n'est la bourgeoisie, a inspiré, pour l'amélioration des classes laborieuses, ces ardentes
préoccupations, qui sont un des traits les plus marqués de
l'esprit de notre époque? Quoi! la bourgeoisie serait impitoyable pour le peuple, et ce serait précisément sous son règne,
au moment même où il commence, que tout-à-coup les douleurs, les misères du peuple seraient étudiées avec toute la sa-
gacité de la science, secourues avec toute la charité du chrétien! Ah! s'il était vrai que les classes moyennes eussent pour
les destinées des classes laborieuses l'insensibilité que vous
leur attribuez, vous le savez mieux que personne, tant de voix
ne se seraient pas élevées pour appeler les regards du riche
sur les douleurs du pauvre. On ne prêche pas si long-temps
dans le désert. Ces voix, c'est presque toujours du sein de la
bourgeoisie qu'elles sont parties, et lorsque ce n'est pas elle-
même qui les fait entendre, c'est encore elle qui les encourage
et qui les inspire. Laissez-lui le temps de régulariser sa fé-
conde et légitime domination dont l'avènement fut si orageux,
et vous verrez que rien ne l'arrêtera dans la noble voie où elle est
généreusement entrée, rien, pas même ces déclamateurs rem-
plis de fiel qui ne savent prendre la défense du peuple que l'in-
jure à la bouche, qui ne voient dans sa sainte cause qu'un dé-
guisement pour leurs mauvaises passions, et qui voudraient
creuser entre la classe moyenne et la classe laborieuse un
abîme de haine et de réactions. En dépit de ces hommes, la
bourgeoisie n'oubliera jamais qu'elle n'est que la sœur aînée
du peuple.

Enfin M. Louis Blanc déclare que la bourgeoisie elle-même
a prouvé qu'elle était indigne de gouverner, parce qu'elle n'a
pas su, à l'aide du pouvoir parlementaire, résoudre d'une ma-

nière conforme à la dignité et à la grandeur de la France les
questions qui ont été posées depuis 1830 ; parce qu'elle a abandonné la cause de la Pologne, qui se dévouait pour nous ; parce
qu'elle n'a pas prêté son assistance aux révolutionnaires de
l'Espagne et de l'Italie ; parce qu'elle a souffert que les événemens de la Belgique reçussent une solution contraire à notre
honneur et à nos intérêts ; parce qu'elle n'a jeté qu'un regard
troublé et timide sur l'immense question de l'Orient ; en un
mot, parce que depuis son avènement elle n'a montré à la face
du monde qu'égoïsme et incapacité.

On le voit, nous n'avons pas cherché à affaiblir les accusa-
tions de M. Louis Blanc. Nous n'essaierons pas cependant de
les réfuter en détail : ce serait écrire la contre-partie de l'*Histoire de dix ans*. Nous n'opposerons à ces affirmations absolues qu'une seule observation. La bourgeoisie n'avait de nos
jours à refaire ni l'œuvre de la convention, ni celle de Napoléon. C'eût été un stérile et misérable plagiat. Assez, depuis
l'origine des sociétés humaines, toutes les tentatives de progrès n'ont été entreprises qu'à l'aide de la guerre et de la violence. La bourgeoisie française a pensé qu'au dix-neuvième
siècle, une expérience bien nouvelle sur cette terre était à es-
sayer. Elle a cru que par la paix, la modération, le respect des
traités, on pouvait aussi arriver à l'amélioration des conditions
sociales et politiques au milieu desquelles vivent les peuples
de l'Europe. Elle a eu foi dans la puissance des idées françai-
ses, au jour où l'on ne serait plus en droit de les accuser d'être
les instrumens de notre ambition et de l'esprit de conquête.
Elle n'a pas oublié que la guerre vient souvent intervertir d'une
manière bien étrange tous les rôles, et que l'Allemagne, armée
en 1792 pour nous opprimer, a pu légitimement croire qu'elle
combattait contre nous, en 1813, pour la liberté et l'indépendance des nations. En un mot, la bourgeoisie n'a pas déserté
la mission de dévouement imposée à la France ; seulement elle

s'est montrée convaincue que cette mission pouvait s'accom-
plir pacifiquement.

Sans doute il était permis à M. Louis Blanc de combattre
cette idée, mais il ne lui était pas permis de la méconnaître. Il
est triste pour lui qu'il n'ait pas su même l'apercevoir. M. Louis
Blanc est le seul historien qui ait pensé, en racontant une
grande époque, tout expliquer par l'égoïsme et le culte étroit
des intérêts. Grâce à Dieu, l'homme n'est pas ainsi fait. S'il
est vrai que l'ambition et la cupidité le dominent trop souvent,
nous ne voyons pas que, même au milieu de ses plus grandes
erreurs, l'attachement à ses convictions, le sentiment, la passion, l'idée du devoir, l'aient jamais complètement abandonné.
La bourgeoisie seule était destinée à offrir cet humiliant spectacle, la bourgeoisie dans son ensemble, comme dans tous les
hommes qui, depuis 1830, la représentent. Tel est l'arrêt suprême de M. Louis Blanc qui, comme il le dit avec une puérile
jactance, appartient à une autre cause. Singulier moyen pour
exalter le peuple, de rabaisser toujours la nature humaine! Et
de quoi est-il donc fait, le peuple?

Est-ce à dire cependant qu'il faille tout admirer, dans les actes de la bourgeoisie depuis 1830? Nous ne suivrons pas à ce
point, et dans un sens opposé, la pente des opinions absolues
qui entraînent M. Louis Blanc. La bourgeoisie a su trouver, en
inaugurant son règne, une idée dont il est déplorable de ne pas
avoir constaté l'existence, dont il serait injuste de ne pas reconnaître la nouveauté et la grandeur; c'est là la gloire de la
bourgeoisie. Mais que, depuis quatorze ans, elle ait pu com-
mettre des fautes, qui en doute et qui pourrait s'en étonner?
La bourgeoisie s'est lentement préparée au gouvernement,
mais de loin et sans l'exercer. Or, le véritable apprentissage
du gouvernement, c'est l'exercice du gouvernement lui-même.
Les classes moyennes ont eu, ont encore leur noviciat à faire,
chose bien surprenante en effet, et qui justifie admirablement

l'injurieux dédain qu'à chaque page, en quelque sorte, M. Louis Blanc se complaît à déverser sur la bourgeoisie. Ah! si au lieu de vous enivrer de vos propres doctrines, vous eussiez pu, avant de la condamner sans appel, étudier avec calme et sincérité cette société non pas à sa superficie, mais dans toutes ses profondeurs ; si vous eussiez cherché avec conscience à savoir quelle est sa véritable attitude en présence de ces institutions pour lesquelles vous n'avez qu'un superbe et ignorant mépris, dans les conseils de la commune, de l'arrondissement, du département, dans les comités de l'instruction primaire, dans les assemblées électorales, partout où la vie politique s'exerce, partout où se révèle l'intervention des citoyens dans le gouvernement de leur pays, vous eussiez vu tous les esprits en travail pour se mettre au niveau des institutions qui les régissent.

Oh! sans doute, les lumières, le dévouement, ne sont pas encore à la hauteur des droits et des devoirs : mais l'apprentissage est sérieux, et il a droit au respect de tous les hommes sincères. Loin donc que les classes moyennes s'absorbent dans l'égoïste satisfaction de leurs intérêts, elles travaillent chaque jour à se rendre plus dignes de diriger la nation. Loin donc que nos institutions soient, comme vous le dites, une insulte pour le génie de la France, elles inspirent à tous les Français, dont elles réclament le concours, des efforts incessans pour devenir plus dévoués et plus capables. Cette distance qui existe encore entre nos mœurs, nos lumières et nos lois, ces efforts, ce travail pour la faire disparaître, nous sommes de ceux qui se réjouissent de tout cela, parce que nous pensons qu'il est beau, qu'il est nécessaire que les institutions d'un peuple soient comme un idéal offert à toutes les intelligences, pour leur communiquer l'énergique désir d'y atteindre ou d'en approcher. C'est dans cette généreuse émulation que nous plaçons toutes nos espérances. Elles ne seront pas déçues, car elles s'appuient sur les lois du progrès lui-même, sur les enseignemens de l'histoire, sur les penchans indestructibles du cœur humain, tandis que les doctrines qui ont inspiré votre livre ne sont qu'une insurrection perpétuelle contre cette triple autorité.

Il ne pouvait en être autrement. M. Louis Blanc a-t-il jamais arrêté un regard calme et désintéressé sur l'homme, sur sa double nature, sur ses facultés et sur ses éternelles passions? Paraît-il avoir jamais cherché la solution religieuse et philosophique du problême de notre passage sur la terre? Pour éloigner la misère des classes laborieuses, M. Louis Blanc propose des formules d'association, en échange de la concurrence et de son règne homicide, selon lui. Mais s'il avait soumis la nature humaine à une étude plus sérieuse, il se serait demandé d'abord si les travailleurs eux-mêmes ne seront pas les premiers à repousser ce prétendu bienfait. Toute association exige le sacrifice d'une part quelconque de l'indépendance de chaque associé. Dès lors, qu'arriverait-t-il, s'il est vrai, comme tout l'atteste, que la classe ouvrière redoute moins l'indigence que la discipline, est plus attachée au bonheur de n'obéir qu'à elle-même, qu'effrayée de la misère qui la menace chaque jour? M. Louis Blanc, à la suite d'une sombre et confuse évocation du passé, s'exhorte à ne pas désespérer de l'avenir, alors même, s'écrie-t-il, que le bien ne devrait être que l'épuisement du mal. Qu'est-ce à dire? Vous êtes donc de ces rêveurs qui croient qu'à un jour donné, le mal sera exilé de cette terre. Nous savons bien que, dans vos vagues aspirations, vous paraissez n'avoir en vue que le mal résultant de l'imperfection des institutions sociales. Mais s'il est jamais permis à l'homme de s'affranchir du mal sur ce point, par quel décret absurde serait-il condamné à ne pouvoir s'en affranchir partout ailleurs? Mais non; de même que nous aurons éternellement à lutter contre la douleur et les infirmités physiques, nous aurons éternellement à combattre pour la vérité et pour la justice contre les passions qui toujours chercheront à obscurcir l'une et à violer l'autre. Cette lutte sans repos est l'honneur et la dignité de notre espèce. Si vous êtes chrétien, la vie est une expiation ; si vous êtes philosophe, elle est une épreuve. Épreuve ou expiation, efforcez-vous donc de comprendre qu'il faudra toujours à l'homme de l'espace pour les subir, du champ pour combattre, des obstacles pour les vaincre, et toutes ces luttes glorieuses qui témoignent de sa céleste origine. L'idéal lointain que vous offrez à ses efforts n'est pas seulement chimérique, il est avilissant, car nous n'y voyons place ni pour la chute, ni pour le triomphe ; et pour prix des travaux de leurs devanciers, vous ôtez aux générations qui viendront après nous, les austères voluptés de la lutte, les saintes joies de la victoire, tout jusqu'aux joies non moins saintes du repentir.

II.

Nous croyons l'avoir démontré, M. Louis Blanc a entrepris d'écrire l'histoire de son temps, sans avoir l'intelligence ni les nécessités sociales, ni des lois éternelles qui régissent le cœur humain. Il n'a pas mieux compris l'homme collectif que l'homme individuel. Enfin, c'est au nom d'une pure utopie qu'il a eu le triste courage d'incriminer, durant cinq longs volumes, tout ce qui s'est fait dans son pays, depuis 1830 jusqu'en 1840. Dans cette guerre acharnée qu'il soutient aussi bien contre la raison que contre l'esprit de son époque, deux victimes s'offraient à ses coups, la bourgeoisie et la royauté. Nous avons déjà donné une idée du jugement qu'il a porté sur l'une, nous verrons bientôt qu'il n'a pas été plus juste pour l'autre. On pourrait même s'étonner de tant de colère, car il les représente sans cesse comme menacées toutes les deux d'une mort prochaine. Y a-t-il générosité à déployer tant de violence contre des mourans ?

Toutefois, notre étonnement doit cesser dès que nous consi-dérons que M. Louis Blanc a écrit l'histoire de son époque, en ayant devant les yeux un avenir peu éloigné où toutes les plaies de l'humanité seront guéries, où le remède sera dans la combi-naison de tous les intérêts qui, sainement appréciés, ne diffè-rent pas l'un de l'autre, où toutes les théories ayant été es-sayées, régnera la seule qui ne l'ait point été, la plus simple et la plus noble, celle de la fraternité. Puisque, selon les con-victions de M. Louis Blanc, la bourgeoisie et la royauté de 1830 sont au nombre des chances mauvaises et, selon toute apparence, les dernières que l'humanité doit épuiser avant de parvenir au bonheur qui lui est réservé, il nous paraît tout simple qu'il ait à peine trouvé dans son cœur assez d'indigna-tion pour les maudire. Mais alors était-il bien préparé pour écrire leur histoire? Nous ne sommes pas moins disposé à comprendre que, dès que M. Louis Blanc pense qu'il est une combinaison pour concilier tous les intérêts et sans doute aussi, quoi qu'il ne l'ait pas dit, toutes les passions, il ait pris en pitié nos luttes contemporaines, où, nous devons l'avouer, les intérêts et les passions ont bien eu quelque part. Mais alors, pourquoi descendre des hauteurs de sa pensée pour se faire l'historien de ces luttes misérables? Un juge consciencieux se récuse lui-même, lorsqu'il ne trouve au fond de son ame que du dédain et de la colère.

Quoi qu'il en soit, M. Louis Blanc ne s'est pas récusé, et la société française qu'il livre à la rigueur de ses sentences offre, selon lui, un milieu si corrompu, qu'au sein de tant de misères sociales, il aperçoit un motif d'absolution pour toutes les fau-tes individuelles, et les indices d'une dissolution prochaine. Aussi divise-t-il les dix années dont il raconte l'histoire, en trois grandes périodes. Dans la première, le principe parlemen-taire et le principe monarchique s'allient momentanément : c'est l'époque de fondation. Puis, en présence de l'anarchie, le

danger commun resserre l'alliance déjà conclue : c'est l'époque
de lutte. Enfin, le pouvoir cessant d'être menacé d'une manière sérieuse, la bourgeoisie et la royauté commencent à se
séparer : c'est l'époque de décadence.

Remarquons d'abord que M. Louis Blanc, cédant sans doute
à l'entraînement de ses désirs, a été bien prompt à entrevoir
la décadence d'un système politique à l'établissement duquel
chacun de nous, sans être bien vieux encore, a pu assister.

Il nous semble que les combinaisons sociales amenées par le
travail du temps, quelque mauvaises qu'elles puissent être d'ailleurs, sont plus lentes à mourir. L'alliance des classes moyennes avec le principe monarchique, et la royauté constitution-
nelle qui en est l'expression, n'est pas un fait qui ait été impro-
visé : c'est le résultat de longs efforts, et il faudrait remonter
bien loin dans notre histoire pour en découvrir les premiers
vestiges. Que M. Louis Blanc se soit flatté de rendre, à l'aide de
ses trois grandes périodes, son récit plus dramatique, bien que
le dénouement y manque encore, péripétie finale qu'il espère
sans doute pouvoir nous raconter un jour, c'est là une fantaisie
d'artiste assez innocente, selon nous. Mais ce que nous ne sau-
rions admettre, c'est que l'artiste étouffât l'historien, c'est
qu'en dépit de la nature des choses, et de toutes les données
de l'histoire, M. Louis Blanc ait pu se croire autorisé à signaler
déjà la décadence du système qui nous régit. Ce qui naît si laborieusement met plus de temps à disparaître. D'ailleurs, comment l'historien des dix années n'a-t-il pas accordé plus de
réflexion à ses propres paroles ? Il constate que, le danger devenant moins imminent, la bourgeoisie et la royauté commencent à se séparer. De là la décadence, dit-il. Mais il avait déjà
reconnu qu'en présence de périls communs, leur alliance s'était
resserrée. Eh bien ! supposez des périls nouveaux, pourquoi la
même cause ne produirait-elle plus les mêmes effets ? Pourquoi
cette alliance relâchée au milieu du calme et par le jeu naturel

des passions humaines, ne reprendrait-elle pas alors son énergie première? Et si cela peut arriver, pourquoi cette décadence, dont vous avez si complaisamment évoqué le fantôme?

Pourquoi? parce que M. Louis Blanc a sur ce point, comme sur tant d'autres, des convictions intraitables et absolues; parce qu'il pense que, si la bourgeoisie et la royauté ont pu accidentellement, s'unir au fond, il existe entre elles un antagonisme fatal et inflexible; qu'entre le gouvernement par un roi, et le gouvernement par une assemblée, il y a un gouffre qui, chaque jour, tend à se creuser davantage, et que, partout où ce dualisme existe, les peuples sont condamnés à flotter misérablement entre un 10 août et un 18 brumaire.

Quant à nous, nous ne croyons pas qu'il y ait pour l'humanité, dans l'avenir, un port où elle puisse être à jamais à l'abri des tempêtes et des orages. Les nations ont toujours eu, auront toujours des périls à conjurer. Les guerres, les catastrophes, les révolutions, voilà le code pénal des peuples, écrit pour les gouvernans comme pour les gouvernés. Il est bon qu'ils aient tous toujours devant eux l'image menaçante de ces fléaux, pour apprendre à résister à leurs passions. Il est glorieux pour l'homme d'être incessamment soumis à de telles épreuves; car, sans elles, il n'y aurait plus de but offert à son activité. Dans notre système constitutionnel, dites-vous, la royauté est perpétuellement menacée d'un 10 août, et la bourgeoisie, d'un 18 brumaire. En supposant que cela soit vrai, qu'en pourrait-on conclure, sinon qu'il est imposé à la sagesse de la royauté d'éviter un 10 août, à la sagesse de la bourgeoisie d'éviter un 18 brumaire? Aimeriez-vous mieux que l'une et l'autre puissent s'abandonner à tous leurs entraînemens, sans être arrêtées par la menace d'aucun danger? Tout le monde, dans cette vie militante, a des efforts à faire, ses erreurs ou ses crimes à expier. Ne parlez pas d'antagonisme fatal et inflexible. Depuis cinquante ans, en France, les gouvernemens ne sont tombés que par leurs fautes. Celui qui a été fondé en 1830 n'est pas plus que ses devanciers à l'abri de cette loi d'éternelle justice. S'il tombe, ce sera par ses œuvres, et non par une fatalité aveugle qui aurait fixé l'heure de sa mort si près de l'heure de sa naissance.

M. Louis Blanc rêve une société future, où il laisse à peine de place à l'intérêt, aux passions individuelles, où le dévouement régnera dans tous les cœurs, où dès lors il n'y aura ni rivalité ni antagonisme fatal et inflexible. Nous ne savons pas ce que l'homme pourra conserver de dignité et de grandeur dans cet Eden ; mais ce que nous savons, c'est que l'humanité a eu jusqu'à ce jour une tâche plus laborieuse, et nous ajouterons, plus noble à remplir. Dans tous les temps, Dieu a voulu qu'elle fût aux prises avec des difficultés, pour qu'elle eût la volonté, le courage et la gloire d'en triompher. De nos jours, qu'il y ait, en effet, rivalité entre le pouvoir parlementaire et celui de la royauté, que ce soit là un de ces obstacles, un de ces dangers que les sociétés humaines ont toujours eu soit à vaincre, soit à conjurer, nous ne chercherons pas à le nier. Mais que de cette rivalité naturelle il doive résulter, en dépit de l'énergie, de la modération, de la sincérité de nos efforts, une dissolution inévitable, voilà un de ces arrêts qu'un historien ne peut prononcer, sans mettre la fatalité à la place de la Providence, la force brutale des événemens à la place de la liberté, de la moralité humaine. C'est insulter Dieu et l'homme à la fois.

Au surplus, pour répondre aux attaques dont M. Louis Blanc poursuit la royauté, nous nous garderons bien de faire une thèse en faveur du principe monarchique. Nous n'avons aucun goût pour un si grand déploiement de lieux communs. Que M. Louis Blanc soit parvenu, à grand renfort de logique, à établir que la royauté n'est plus ni une force, ni un symbole ; qu'il la place despotiquement dans l'alternative de périr ou d'anéantir le principe électif; qu'il étaie cette fatale nécessité sur des raisonnemens nets, serrés, irréprochables et faits pour ravir d'aise tous les théoriciens de l'école ; qu'il nous montre comme une misérable inconséquence, la royauté représentant seule le principe de l'hérédité dans une société où la supériorité des droits du mérite sur ceux de la naissance est devenue un principe constitutif : qu'est-ce que cela prouve, si ce n'est que la logique absolue ne gouverne pas ce monde ? Dans l'organisation fédérale des Etats-Unis, il existe une cour suprême, qui est le plus grand pouvoir judiciaire qu'aucun peuple ait jamais constitué. La paix et l'existence même de l'Union dépendent de la sagesse des sept juges dont ce tribunal souverain est composé. Cependant les Américains, qui, dans leur république, ont étroitement tout soumis au principe électif, lui ont soustrait la désignation de ces sept juges dont les décisions peuvent bouleverser la patrie. Voilà donc la démocratie elle-même condamnée à être inconséquente.

D'ailleurs M. Louis Blanc, dans son inexorable dialectique, n'oublie qu'un fait : c'est que de tous les pouvoirs qui ont successivement régné sur les sociétés humaines, la royauté s'est montrée le plus vivace, le plus souple, le plus prompt à se plier à toutes les combinaisons sociales. A-t-elle épuisé en France toutes les formes qu'elle peut revêtir ? L'affirmer, c'est donner pour une vérité acquise et démontrée une hypothèse démentie par les expériences du passé. Croire, espérer au contraire que la royauté fera ce qu'elle a déjà fait tant de fois, qu'elle saura se transformer, s'assouplir aux nécessités des temps et à l'esprit des époques, ce n'est pas s'ériger en prophète et anticiper témérairement sur les mystères de l'avenir, mais c'est, suivant toutes les règles de la science, aller du connu à l'inconnu, et conclure de ce qui a été, de ce qui est à l'heure même où nous parlons, ce qui sera. Nous n'irons pas plus loin; car c'est recourir à un moyen bien vulgaire, pour se donner raison, que

de mettre toujours l'avenir de son côté. M. Louis Blanc a
bien abusé de ce moyen; nous ne voulons pas l'imiter.

Toutefois nous croyons devoir signaler un genre de décla-
mation pour lequel M. Louis Blanc a une prédilection marquée.
De ce que la royauté, dans les personnes qui la représentent,
n'est pas soustraite aux infirmités de notre nature, M. Louis
Blanc s'arme, pour l'abaisser, de toutes les misères attachées
à l'humanité. Il poursuit la royauté dans la caducité du vieil-
lard, comme dans la débilité de l'enfant, frêle et vagissante
créature, dit-il. Tout ce qui dans l'homme révèle la fragilité
physique de l'homme, il s'en sert pour mettre en relief la pau-
vreté du principe monarchique.

Dans ces attaques dirigées contre la royauté, et qui retom-
bent en réalité sur l'humanité elle-même, nous n'avons pas
aperçu la pensée sérieuse de M. Louis Blanc. A-t-il voulu ra-
battre notre orgueil, en nous rappelant notre faiblesse, plus
éclatante encore, lorsqu'elle se rencontre parmi les splendeurs
de la puissance? Mais, les orateurs sacrés ont tout dit sur ce
point, et avec un accent de commisération et de charité véritable que M. Louis Blanc ne saurait emprunter. Ou bien aspire-
t-il à un pouvoir abstrait? Faut-il à son gré que la souverai-
neté n'ait ni signes sensibles, ni symboles palpables? L'homme
est-il une créature si abaissée, qu'il ne peut, parmi ses semblables, représenter la loi sans l'avilir? Qu'on ne s'y trompe
pas, la question est là tout entière; car si M. Louis Blanc n'ad-
met pas ces conclusions extrêmes, il ne s'agira plus alors entre
lui et nous que du plus ou du moins, et nous ne verrons pas
pourquoi l'homme serait indigne d'exercer la royauté, dès
qu'il serait jugé capable d'exercer une magistrature quelconque.

Au surplus, M. Louis Blanc a bien compris que, pour ruiner
la royauté dans l'esprit des peuples, c'était moins contre les
doctrines abstraites que contre les manifestations palpables de

ce principe qu'il devait développer sa savante stratégie. Dans les dix années dont il a écrit l'histoire, la royauté a occupé une grande place. Amis ou ennemis, tous s'accordent à reconnaître que l'homme par qui la royauté a été représentée en France, depuis 1830, a joué un grand rôle. Funeste, selon quelques-uns, bienfaisante selon le plus grand nombre, son action sur les destinées du monde a été regardée par tous comme prépondérante. La figure de Louis-Philippe Ier devait apparaître à chaque page aux regards de l'historien. Comment le roi sera-t-il jugé par le démocrate? Nous comprenons tous les embarras de M. Louis Blanc. Il avait un grand portrait historique à faire, il n'a pu hasarder qu'une pâle, infidèle et misérable esquisse.

En adoptant un moment ses convictions, nous sommes les premiers à le reconnaître, il ne pouvait dire toute sa pensée. Son œuvre était destinée à rester incomplète au point de vue historique et littéraire. Mais il ne faudrait pas croire qu'au point de vue des intérêts de son parti, il ait rien sacrifié en cédant à des ménagemens que tant de considérations diverses lui commandaient. Pouvait-il convenir à un démocrate de nous montrer la volonté d'un roi, imposant la paix au monde entier prêt à se déchirer? En vain M. Louis Blanc aurait-il cherché à interpréter la solennité de ce rôle par les plus odieux commentaires, la grandeur d'un tel spectacle eût frappé tous les esprits. La royauté n'est donc pas un principe caduc, eût-on pensé, puisque environné de son prestige, un homme peut encore agir aussi souverainement sur les destinées de ses contemporains. L'historien des dix années a habilement évité cet écueil. Ne pouvant lutter corps à corps avec le monarque, il se complaira à l'effacer. N'osant pas ou ne voulant pas aborder la grande pensée du règne, si ce n'est que par accident et comme à son insu, il ira systématiquement se perdre dans les détails.

La réalisation d'un vaste dessein a nécessairement ses côtés vulgaires et subalternes, il s'en emparera de préférence sans les relier à l'idée principale; de sorte que M. Louis Blanc, en nous montrant le roi absorbé tout entier par de petites intrigues et de misérables intérêts, parviendra du même coup à abaisser le roi et la royauté. Il ne fera pas la royauté odieuse, car ce qui excite la haine peut avoir encore de la grandeur, mais il la fera mesquine; cela attire mieux le mépris. Quant au roi, M. Louis Blanc aura garde de lui refuser toute qualité, l'injustice eût été évidente, mais il ne lui accordera que des qualités médiocres et secondaires. Louis–Philippe, dira-t-il, n'avait que l'habileté des petites choses. Ailleurs, il osera affirmer que le roi manquait complétement de prévoyance. Enfin, après s'être attaché a attirer le mépris sur la bourgeoisie, il en viendra à agrandir le rôle de la bourgeoisie pour rapetisser celui du roi. Ce qu'il importe d'étudier dans notre histoire contemporaine, ce n'est pas la vie de la royauté, s'écriera-t-il, c'est le gouvernement de la bourgeoisie.

L'artifice est habile, on le voit; mais, malgré sa dextérité, M. Louis Blanc ne parviendra pas à égarer à ce point la conscience des peuples. L'histoire, qui ne s'arrête pas devant nos fictions constitutionnelles, fera, soit pour le blâmer, soit pour l'immortaliser à jamais, la part qui appartient au roi dans tout ce qui s'est passé depuis 1830. Elle ne ratifiera pas cette hypocrite absolution, qui a l'air d'épargner l'homme pour mieux accabler le prince. Nous n'avons rien dissimulé de tout ce que l'avenir de la France doit attendre de la bourgeoisie; mais nous n'avons pas, pour les masses confuses et indisciplinées, le respect superstitieux que professe M. Louis Blanc.

Or, la bourgeoisie elle-même ne serait qu'une masse confuse et indisciplinée, si des hommes supérieurs ne s'étaient présentés pour traduire ses idées, et devenir les symboles vivans de ses principes. Ces hommes, la bourgeoisie les a trouvés, et ce ne sera pas nous qui contesterons contre M. Louis

Blanc la supériorité diverse et variée de MM. Guizot, Thiers,
de Broglie, Molé, Duchatel et tant d'autres, orgueil de notre
époque. Mais à quoi auraient abouti les efforts de ces nobles et
courageux esprits, si le prince porté sur le trône, en 1830,
n'eût pas été cet homme tel que la conscience publique croit
l'avoir bien deviné, attirant par la grâce et la simplicité de ses
manières la popularité, mais ayant dans son cœur assez de
force pour résister aux entraînemens de cette séduction ; sou-
mettant tous ses actes aux règles de la prudence la plus pré-
voyante, mais, à l'heure du péril, sachant contempler les événemens d'un regard calme et assuré ; aux premiers jours de
son règne, arrêtant dans sa pensée un système de gouvernement, mais possédant l'art d'unir la souplesse à l'énergie de
sa volonté, de ménager les individus et de manier les assemblées ; connaissant les hommes, mais, chose rare ! n'allant pas
pour eux jusqu'au mépris : loin de là, les estimant assez pour
croire qu'enfin aujourd'hui ils peuvent être gouvernés au nom
de la raison et au nom d'une politique, la première de sa race,
qui permet, modère, épure et contient toutes les généreuses
passions de la France.

Quoi ! si le génie de la révolution a été muselé, pour nous
servir d'une de vos expressions, si le monde n'a pas été de nou-
veau couvert de sang, tout cela, dites-vous, n'a été que le résultat certain de la puissance des intérêts bourgeois, mal réglés
et mal compris ! Comme voilà bien les désolantes affirmations
d'un écrivain fataliste, qui anéantit toujours l'homme sous la
force aveugle des choses ! Quelle bonne fortune cependant pour
un historien ! Il rencontrait dans nos annales contemporaines,
et comme planant sur elles, une figure originale, un caractère
plein de nouveauté. Jamais roi n'avait eu devant lui plus d'obstacles à vaincre, plus d'ennemis à désarmer, plus d'entraînement auxquels il fallait résister ; jamais, non plus, roi n'avait
opposé à tant de périls une sagesse plus sûre d'elle-même, une

prudence plus active, une raison plus en éveil sur ses moindres écarts. Dans cette ame royale, tout paraissait si bien contenu, qu'on aurait cru y chercher en vain les mouvemens d'une passion tumultueuse, même ceux de l'ambition. Il y avait à descendre dans les profondeurs de cette intelligence, pour lui demander ce qui l'avait si bien inspirée, la sagesse du philosophe ou le dévouement du chrétien. Mais, non : M. Louis Blanc était condamné à négliger tout cela ; ce qui surtout l'a gêné dans l'histoire du règne de Louis-Philippe, c'est Louis-Philippe lui-même. Alors il a déserté la lutte ; impuissant à faire entrer dans les étroites proportions de son livre l'homme avec toute sa taille, il a mutilé l'homme plutôt que d'agrandir le livre. Le démocrate n'a pas relevé le défi que lui adressait la royauté, sous les traits du fondateur de notre jeune dynastie ; n'osant pas le maudire, ne pouvant le supprimer, il s'est avisé de le rejeter dans l'ombre, expédient qui ressemble à une fuite !

Parvenu à ce point de notre tâche, nous croyons avoir attein le but que nous nous étions proposé. Sans doute nous ne sommes pas allé au-devant de toutes les questions que soulève l'œuvre de M. Louis Blanc : nous ne pouvions avoir un si vaste dessein. Mais inspirer à ceux qui liront, comme à ceux qui ont lu *l'Histoire de dix ans,* un sentiment de défiance ; faire en sorte qu'avant ou après cette lecture ils adressent un appel à leur propre raison ; atténuer autant qu'il était en nous les funestes effets qu'un semblable travail historique peut produire sur les esprits, redoublement de haine chez les uns, folles espérances chez les autres, découragement chez le plus grand nombre, voilà seulement ce que nous avons tenté de faire.

Aurons-nous besoin, pour y parvenir plus sûrement, d'ajouter que, dans le récit des faits, dans l'appréciation des théories, dans le jugement des hommes, M. Louis Blanc manque toujours de cette sérénité qui ne doit jamais abandonner l'historien ; qu'il n'a ni cette intelligence supérieure de la nature humaine, ni cette indulgence suprême, si nécessaire à celui qui prétend juger ses semblables ; qu'il n'échappe à la banalité du langage de la presse quotidienne que pour s'égarer dans les vagues espaces du dogmatisme socialisme ; qu'il tend à décourager les partisans sincères du progrès modéré et gradué, en ne leur présentant d'améliorations possibles qu'à travers un immense bouleversement ; qu'il met à décrire les chutes individuelles, vraies ou supposées, une malfaisante complaisance, plutôt digne d'un misanthrope que d'un ami de l'humanité ; qu'il semble ne faire profession d'aimer le peuple, dans sa masse impersonnelle, que pour mieux avoir le droit de haïr les individus qui s'en détachent ; qu'enfin, dans ses aveugles déclamations, en chargeant toujours la société de la responsabilité de toutes nos fautes, il allège d'autant la conscience et énerve la moralite de chacun de nous.

Non, au risque de laisser notre travail incomplet, nous ne poursuivrons pas ce pénible examen. M. Louis Blanc affirme que son livre est une œuvre de bonne foi. Nous voulons le croire jusqu'au bout. Cependant nous manquerions à toutes nos convictions si, en terminant, nous ne déclarions pas qu'à nos yeux ce livre est non pas une histoire sérieuse, mais bien un pamphlet destiné, sans doute à l'insu de l'auteur, à flatter et à consoler les dépits et les rancunes de tous les partis vaincus depuis 1830.

E. DISAUT